DATE: /   /

DATE : / /

DATE: / /

DATE : / /

DATE : / /

DATE : / /

DATE : / /

DATE : / /

DATE : / /

DATE : / /

DATE : / /

DATE : / /

DATE : / /

DATE :   /   /

DATE :   /   /

DATE: / /

DATE : / /

DATE : / /

DATE : / /

DATE : / /

DATE : / /

DATE : / /

DATE :   /   /

DATE :   /   /

DATE : / /

DATE : / /

DATE : / /

DATE : / /

DATE : / /

DATE : / /

DATE : / /

DATE : / /

DATE : / /

DATE : / /

DATE : / /

DATE : / /

DATE : / /

DATE : / /

DATE : / /

DATE : / /

DATE : / /

DATE : / /

DATE : / /

DATE : / /

DATE: / /

DATE : / /

DATE : / /

DATE : / /

DATE :   /   /

DATE: / /

DATE : / /

DATE : / /

DATE : / /

DATE : / /

www.ingramcontent.com/pod-product-compliance
Lightning Source LLC
Chambersburg PA
CBHW080554220526
45466CB00010B/3145